„Ich glaube nicht, dass ich je die Lust verlieren werde, **Pink** zu tragen"

> Emma Bunton <

Redaktionelle Leitung : Valeria Manferto De Fabianis ~ Layout : Clara Zanotti ~ Text : Giorgio Ferrero

Süße
SCHWEINE

WHITE STAR VERLAG

„DIE NASE IST ES, DIE RIECHT UND ENTSCHEIDET. EIN KÜNSTLER IST EINFACH NUR EINE ART TRÜFFELSCHWEIN."

(Igor Stravinsky)

Am Anfang war der Schweinestall. Dann eroberten der böse Wolf, die bestimmenden Schweine in Orwells Farm der Tiere und das mutige kleine Schweinchen Babe die Leinwand. Dennoch, der Ruhm ist dem Schwein nicht zu Kopf gestiegen; es ist immer noch bescheiden, freundlich, intelligent und, entgegen allen Vermutungen, reinlich. Ja, denn das Wälzen im Schlamm dient dazu, die Haut von Parasiten zu befreien.

Obwohl es Schweine unterschiedlicher Rassen, Größen und Farben gibt, ist das Schwein, das wir alle kennen und lieben, rosa, hat spitze Ohren und den charakteristischen Rüssel, der ohne Unterlass jeden Zentimeter Boden nach etwas Fressbarem durchwühlt. Seine borstigen Haare und das kleine Ringelschwänzchen versetzen seine Betrachter sofort in Entzücken. Sind Schweine unter sich oder zusammen mit anderen Tieren, herrschen zuweilen raue Sitten, aber sie können auch sanft und liebreizend sein, wenn sie sich zufrieden auf dem Boden ausstrecken, wie all jene wissen, die ein Schwein als Haustier gewählt haben.

WER HAT ANGST VORM BÖSEN WOLF?

DER GARTEN EDEN

SEI GEGRÜSST!

„Die größte Leistung ist, sich selbst treu zu bleiben in einer Welt, die einen immerfort zu verändern sucht."

– Ralph Waldo Emerson –

FRÜHSTÜCK BEI TIFFANY

„Ich gehe langsam, aber ich gehe niemals rückwärts."

> Abraham Lincoln <

DREI KLEINE SCHWEINCHEN

ESKIMOKUSS

„Ich liebe das Fremdwort Indolenz ...

... Es verleiht meiner Faulheit Klasse." > Bern Williams <

WORTGEFECHT

„Höre vielen zu, aber sprich zu wenigen."

> William Shakespeare <

„Ständige Heiterkeit ist ein Zeichen von Weisheit."

> Irisches Sprichwort <

„Schmetterlinge folgen mir, wohin ich auch gehe." > Mariah Carey <

FLUCHTVERSUCH

„Sorgen sollten uns zu Taten veranlassen,

nicht zu Depressionen." > Karen Horney <

> William Paley <

„Wer kann sich schon dem Spott entziehen?"

DUETT

„Normalität ist nichts anderes
als ein Durchgang der Waschmaschine."

> Whoopi Goldberg <

„Ich war zwei Wochen auf Diät, und alles,
was ich verloren habe, waren vierzehn Tage."

> Totie Fields <

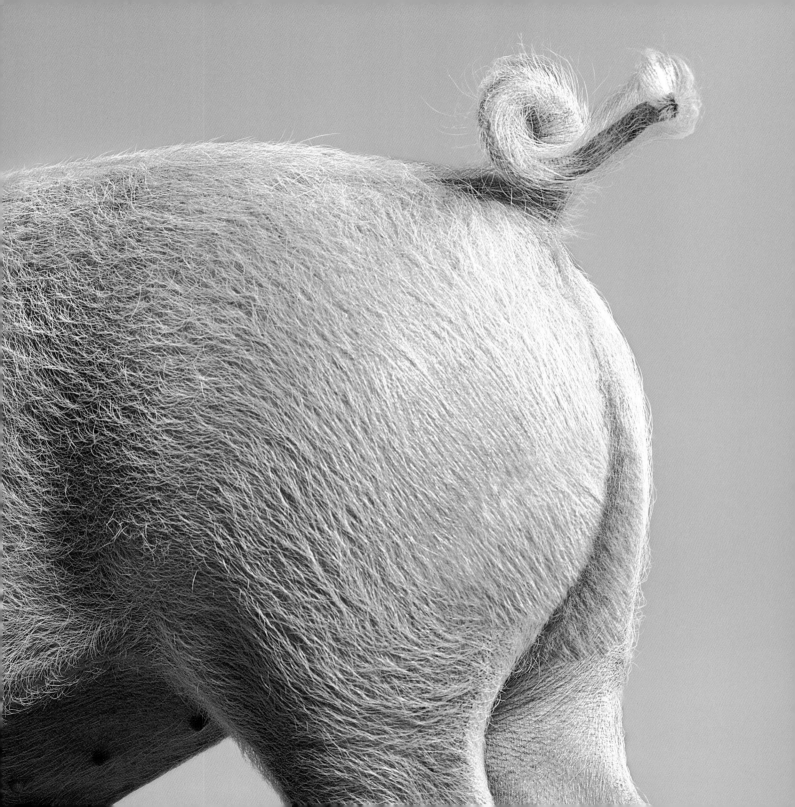

"Alles, was bleibt, ist ein wenig rosa Farbe vom Schwein."

> Robert Garrison <

„I CAN'T GET NO SATISFACTION"

> Rolling Stones <

ERSTE SCHRITTE

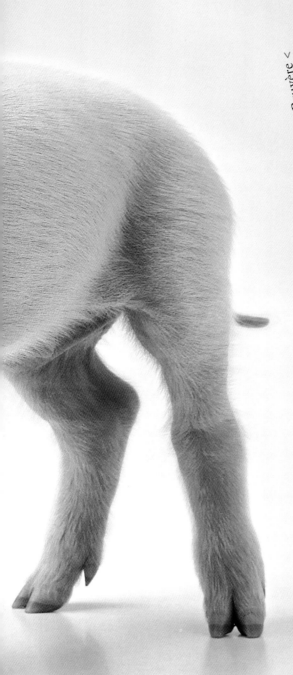

„Wer auf Zehenspitzen geht, kann nicht stehen, und wer schreitet, kann nicht gehen."

> Jean de la Bruyère <

51

„Schweine sind verspielt, Schweine sind rosa, und Schweine sind intelligenter, als du denkst."

> Charles Ghigna <

PINK
it's
my new
obsession
PINK
it's not
even a
question… > Aerosmith <

„Junge Schweine grunzen wie die alten Schweine vor ihnen."

> Dänisches Sprichwort <

„Das Leben besteht aus einer Reihe von Kommas, nicht von Punkten."

> Matthew McConaughey <

„Wenn du es nicht besser kannst, kannst du zumindest darüber lachen."

> Erma Bombeck <

„Wir liegen alle in derselben Wanne."

> Stacy Hephner <

„Es ist schwierig, Spaß zu haben, wenn man sauber bleiben soll."

> Mae West <

SCHÖNHEITSFARM

„Der Feige droht nur, wo er sicher ist."

> Johann Wolfgang von Goethe <

„Man muss zu zweit sein,
damit einer in Schwierigkeiten geraten kann."

> Mae West <

„Die meist genutzte Eigenschaft eines
Freundes ist sein offenes Ohr."

> Maya Angelou <

„Das Leben ist nicht zum Klagen da,
sondern zur Befriedigung."

> Henry David Thoreau <

AUFTRITT

„Wenn du einen Weg ohne Hindernisse findest, führt er wahrscheinlich zu nichts."

> Frank A. Clark <

„In jeder Gesellschaft gibt es geborene
Führer und geborene Berater."

> Ralph Waldo Emerson <

UNMÖGLICHE LIEBE

„Ich liebe es, zu schlafen. Mein Leben tendiert dazu, auseinanderzufallen, wenn ich wach bin.‟

∨ Ernest Hemingway ∨

„Ein Schwein, das an Dreck gewöhnt ist, rümpft bei Reis die Nase."

> Japanisches Sprichwort <

„Höre vielen zu, aber sprich zu wenigen. " > William Shakespeare >

DER SÜNDENFALL

NICHTS WIE WEG!

„Manchmal ist es am allerwichtigsten,

dass du dich entspannen kannst." > Ashleigh Brilliant <

„Nichts finde ich deprimierender als Optimismus."

> Paul Fussell <

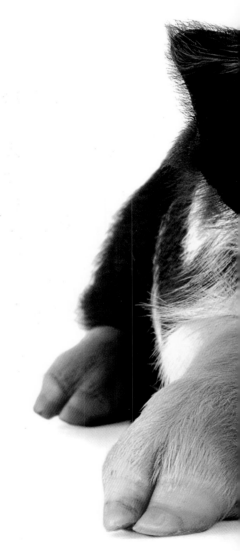

„Ich mag langweilige Dinge."

> Andy Warhol <

„Himmel, ich bin im Himmel.
Und mein Herz schlägt, sodass ich kaum sprechen kann.
Und ich finde das Glück, das ich suche,
Wenn wir zusammen tanzen, Wange an Wange."

> Irving Berlin <

AUFMERKSAM

UNAUFMERKSAM

„Ich verlange nur, frei zu sein. Schmetterlinge sind es."

> Charles Dickens <

ENDSPURT

„Der Geruchssinn ist ein mächtiger Zauberer,
der uns über Tausende von Kilometern
und über alle Lebensjahre hinweg zu tragen vermag."

> Helen Keller <

„Es ist besser, den Mund zu halten und die Leute
im Glauben zu lassen, man sei ein Idiot,
als ihn zu öffnen und alle Zweifel zu beseitigen."

> Mark Twain <

„Wer hat Angst vor dem bösen Wolf, bösen Wolf, bösen Wolf, bösen Wolf? Wer hat Angst vor dem bösen Wolf?"

> Walt Disney <

„Ich baue mein Haus aus Stein, ich baue mein Haus aus Backstein..."

> Die drei kleinen Schweinchen <

„Wir sehen vielleicht sanft aus, aber wir sind wild."

> Bruce Sherman <

COUNTRY-Stil

„Das Staunen ist der Anfang aller Erkenntnis."

> Khalil Gibran <

WILDER INSTINKT

„Die wahre Freiheit liegt in der Verwilderung…"

> Charles Lindbergh <

„Fotonachweis"

WS White Star Verlag®
ist eine eingetragene Marke von Edizioni White Star s.r.l.

© 2010, 2013 Edizioni White Star s.r.l.
Via M. Germano, 10
13100 Vercelli – Italien
www.whitestar.it

Übersetzung: Simone Blass, München
Producing: Rainer Schöttle (DRSVS), Neufinsing

ISBN 978-88-6312-137-7
1 2 3 4 5 6   17 16 15 14 13

Gedruckt in China